HOMMAGE

A

SAINT FRANÇOIS DE SALES

A L'OCCASION DU SECOND ANNIVERSAIRE SÉCULAIRE

DE SA CANONISATION

> Tout ce qui peut contribuer à faire connaître au monde, le plus aimable des saints, ne peut qu'être utile à la cause de notre religion. (Mgr PARISIS),

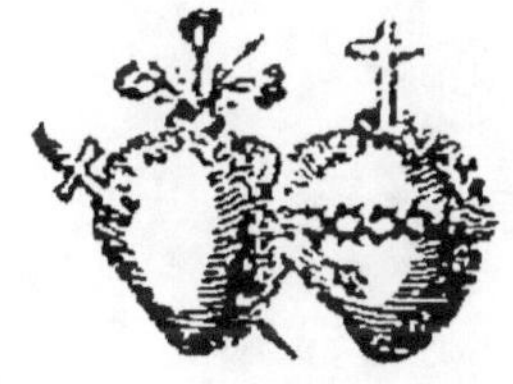

PRIX : 25 Cent.

Aumône destinée à une maison de la Visitation
dans la détresse,
(Offagnu, anciens états du Saint-Siége.)

SAINT FRANÇOIS DE SALES

ET

LA DÉVOTION AU SACRÉ-CŒUR.

I

Cette année (1865), le nom suave de saint François de Sales a convoqué dans la petite ville d'Annecy, une multitude étonnante. La glorieuse Savoie fêtait le deux centième anniversaire de la canonisation de son illustre enfant.

L'Ordre de la Visitation Sainte-Marie s'est réjoui des nouveaux honneurs rendus à son saint fondateur, et de toute part il répond à l'élan bien légitime du monastère qui a la garde de ses ossements vénérés et de son tombeau !

Jadis, il y a deux cents ans, au jour où, pour la première fois, saint François de Sales fut si magnifiquement glorifié par son peuple et par ses filles de prédilection, le conseil de cette ville de Genève, dont il était pasteur et prince, fit défense à tout citoyen, sous des peines sévères, d'aller à Annecy pour assister aux fêtes qui s'y célébrèrent alors.

Comme les temps sont changés! Aujourd'hui, Genève elle-même est allée à saint François de Sales. Délégué providentiel de la cité protestante, un prêtre catholique, depuis longtemps déjà son apôtre, récemment élevé par Pie IX à la dignité épiscopale, Mgr Mermillod, est venu à Annecy prononcer le panégyrique du Saint dont il partage, en quelque sorte, l'héritage.

Heureux ceux qui ont pu entendre cette voix si éloquente et si persuasive!

II

Nous aimons à citer ici une page du jeune pontife orateur qui a dû se montrer jaloux de rendre hommage à son Saint bien-aimé, à l'homme de douceur, à l'homme d'abnégation, à celui qui s'est toujours fait *tout à tous*. Cette page est consacrée à la manifestation du type divin de sainteté que François de Sales a su comprendre. Écoutons, c'est un fils qui parle :

« Il y a un nom qui domine tous les noms, comme il y a un souvenir qui plane sur tous les autres souvenirs; une mémoire devant laquelle se taisent toutes les mémoires, une puissance devant laquelle s'arrêtent toutes les autres puissances. Ce nom, qui depuis dix-neuf siècles, est un cantique, un hymne que chante l'humanité, c'est le nom de Notre-Seigneur Jésus-Christ. Jésus-Christ est la pierre angulaire du monde, sur lui repose toute la vie de l'intelligence, du cœur, de la famille et de la société. Lorsque la société décline, dans ces moments de défaillance, Dieu entr'ouvre le ciel, il dit à son Fils de jeter un regard sur la terre, et le Fils étend ses bras, et il en laisse tomber une goutte de sang qui fait germer et fleurir les Saints. Les Saints sont la vivante image de Notre-Seigneur....

« Depuis dix-neuf siècles, l'humanité catholique s'en va portant avec elle une pléïade de saints qui représentent la physionomie de Jésus-Christ....

« Cette physionomie, il n'en est aucun qui la représente d'une manière aussi complète que notre Saint.... »

III

Mais pourquoi saint François de Sales se présente-t-il à nous comme la plus douce image de Notre-Seigneur? Pourquoi nous donne-t-il surtout une si juste idée de la douceur, de la bénignité du Sauveur des hommes?

La réponse est facile : Saint Jean trouva la science de la divine tendresse dans le cœur de Jésus, sur lequel il reposa à la dernière cène; saint François de Sales a pénétré par la blessure de la lance dans ce même cœur sacré. C'est là qu'il résidait par la foi et l'amour; c'est là qu'il méditait, qu'il priait, qu'il étudiait, qu'il vivait; c'est dans ce cœur qu'il désirait voir et aimer le prochain; c'est là qu'il allait chercher les paroles vivifiantes qui ont converti tant d'hérétiques et de pécheurs.

IV

Ce que nous disons ici sera compris par ceux qui lisent les écrits de saint François de Sales, son beau Traité de l'Amour de Dieu, son admirable Introduction à la Vie dévote, ses Lettres, ses Entretiens spirituels. Tout y respire, en effet, l'union intime du cœur d'un Saint avec le cœur de Jésus ; le miel de cette dévotion distille sans cesse des lèvres de l'aimable auteur de Philotée et de Théotime, comme toutes ses œuvres et ses institutions en sont empreintes, en particulier, sa chère Visitation.

Cette douce et sanctifiante dévotion au Sacré-Cœur ne pouvait pas manquer de convenir à un cœur si bon et si aimant !

Bienheureuse Marguerite - Marie , il vous était réservé de mettre en pleine lumière un trésor si précieux, confié dès l'origine à vos pieuses devancières !

Voilà pourquoi, sans doute, vous eûtes pour sœurs les filles de ce Saint qui déclarait « que ses religieuses étaient établies, particulièrement dans ce dernier siècle, pour être les imitatrices des deux plus chères vertus du Sacré-Cœur du Verbe incarné, qui sont la base et le fondement de leur Ordre, et leur donnent ce privilége et cette grâce incomparables de porter la qualité de Filles du Cœur de Jésus. »

V

Prions donc saint François de Sales de nous pénétrer de tous les sentiments de son cœur envers le cœur de Jésus, et de nous rendre après lui les vivantes images du Dieu doux et humble de cœur.

Prions-le aussi de nous conserver cette foi catholique qu'il a soutenue si apostoliquement contre tous les coups de l'hérésie ; cette foi, dont les charmes divins ravissaient son esprit et qui arrachaient de sa grande âme ce cri de reconnaissance et d'amour : « O Dieu ! la beauté de notre foi me paraît si belle, que je meurs d'amour, et m'est avis que je dois serrer le don précieux que Dieu m'en a fait dans un cœur tout parfumé de dévotion. »

VI

Avec la foi catholique et le dévouement au cœur de Jésus, marchons sous le drapeau béni et glorieux que fixaient sans cesse les regards et les aspirations du saint évêque de Genève. Ce drapeau, c'est l'Église et son chef suprême, le

Pape ; car, comme il se plaisait à le dire :
« *Le Pape et l'Église, c'est tout un.* »
Qui n'a pas le Pape pour chef et pour
père, n'a pas l'Église pour mère ; et qui
n'a pas l'Église pour mère, n'aura jamais
Dieu pour père.

C'était la doctrine de saint François de
Sales, comme c'est le langage et l'ensei-
gnement de tous les siècles chrétiens.

Le Pape et l'Église, c'est tout un. Çà
été dans tous les temps le cri de rallie-
ment des enfants de Dieu. Que ce soit
encore et toujours le nôtre, sous les aus-
pices et la protection du grand saint
François de Sales !

PRIÈRES

Tirées des écrits de saint François de Sales.

—

Pour tenir son cœur uni au cœur de Jésus.

O Dieu ! quand me ferez-vous cette grâce, que, m'ôtant mon chétif cœur, vous mettrez le vôtre en sa place ? Mais ce sera plus tôt fait, ô mon Dieu ! de rendre le mien tout vôtre ; je dis purement, absolument et irrévocablement, en le transformant selon le vôtre bien-aimé.

O Jésus ! faites-moi cette grâce, je vous en conjure par votre propre cœur et par l'amour que vous y renfermez, qui est l'amour des amours. Si vous ne le faites, ô mon Dieu ! du moins ne sauriez-vous empêcher que j'aille prendre le vôtre, puisque vous ne tenez votre poitrine ouverte que pour m'y donner entrée, ou que votre amour ouvre maintenant la mienne, pour donner lieu à mon cœur de s'aller loger avec le vôtre, et ne s'en séparer jamais.

O Seigneur Jésus ! sauvez, bénissez, confirmez et conservez ce cœur qu'il vous a plu de consacrer à votre divin amour ; et, puisque vous lui avez donné de se dédier et consacrer à votre saint cœur, que ce saint cœur le remplisse comme un baume de divine charité, qui, en une parfaite unité, répand les variétés des parfums et odeurs de suavité requises à l'exemple et édification du prochain. Oui, Seigneur Jésus, remplissez, comblez et faites surabonder en grâces, paix, consolation et bénédiction ce faible et misérable cœur, qui, en votre union, veut plus fidèlement que jamais travailler à votre gloire. Ainsi soit-il.

Pour tenir sa volonté unie à la volonté divine.

O très-douce volonté de mon Dieu, qu'à jamais soyez-vous faite !

O desseins éternels de la volonté de mon Dieu ! je vous adore, je vous consacre et vous dédie ma volonté, pour vouloir éternellement ce qu'éternellement vous avez voulu. Que je fasse donc aujourd'hui, et toujours, et en toutes choses votre divine volonté, ô mon doux Créateur! car tel fut votre bon plaisir de toute éternité.

O bonté très-agréable! qu'il soit comme vous l'avez voulu. O volonté éternelle! vivez et régnez en toutes mes volontés et sur toutes mes volontés, maintenant et à jamais! Ainsi soit-il.

MESSE

DE SAINT FRANÇOIS DE SALES,

Fondateur de la Visitation Sainte-Marie.

———

La Préface *se trouve page 22.*

—

INTROIT

Le Seigneur a fait avec lui une alliance éternelle; il lui a donné le sacerdoce de son peuple; il l'a comblé de bonheur et de gloire. Il l'a ceint d'une ceinture d'honneur, il l'a revêtu d'une robe de gloire, et il l'a couronné d'un diadème éclatant.

Ps. Que vos paroles sont douces, Seigneur! elles le sont plus à mon cœur que le miel ne l'est à ma bouche!

Statuit ei testamentum æternum, et dedit illi sacerdotium gentis : et beatificavit illum in gloria, et circumcinxit eum zonâ gloriæ, et induit eum stolâ gloriæ, et coronavit eum in vasis virtutis.

Ps. Quam dulcia faucibus meis eloquia tua, super mel ori meo! ℣. Gloria Patri.

ORAISON.

Deus, qui ad animarum salutem beatum Franciscum, Confessorem tuum atque Pontificem, omnibus omnia factum esse voluisti; concede propitius, ut charitatis tuæ dulcedine perfusi, ejus dirigentibus monitis, ac suffragantibus meritis, æterna gaudia consequamur; Per Dominum nostrum Jesum Christum, etc.	O Dieu, qui pour procurer le salut des âmes, avez voulu que le bienheureux François, votre Confesseur et Pontife, se soit fait *tout à tous*; accordez-nous la grâce qu'étant remplis de la douceur de votre amour, nous arrivions, à l'aide de ses instructions, et par les suffrages de ses mérites, à la félicité bienheureuse; Nous vous le demandons, par Notre-Seigneur Jésus-Christ, etc.

ÉPITRE.

Factus sum minister secundum donum gratiæ Dei, quæ data est mihi secundum operationem virtutis ejus. Mihi omnium sanctorum minimo data est gratia hæc, in	J'ai été fait le ministre, en vertu du don de la grâce de Dieu, qui m'a été donnée par l'opération de sa vertu. A moi, le moindre des saints, a été donnée cette grâce d'annoncer parmi les

gentils les richesses in-compréhensibles du Christ, et d'éclairer tous les hommes touchant la dispensation du mystère caché, dès l'origine des siècles, en Dieu qui a créé toutes choses; afin que les principautés et les puissances qui sont dans les cieux con-nussent par l'Eglise la sagesse multiforme de Dieu, selon le décret éternel qu'il a accompli dans le Christ Jésus Notre - Seigneur, en qui nous avons la liberté et l'accès *auprès de Dieu*, avec confiance par la foi en lui. Aussi, je vous demande de ne vous point laisser a-battre à cause de mes tribulations pour vous, car c'est votre gloire. C'est pour cela que je fléchis les genoux de-vant le Père de Notre-Seigneur Jésus-Christ, de qui toute paternité

gentibus evangeli-zare investigabiles divitias Christi; et illuminare omnes, quæ sit dispensatio sacramenti abscon-diti a seculis in Deo qui omnia creavit. Ut innotescat prin-cipatibus et potes-tatibus in cœlesti-bus per Ecclesiam, multiformis sapien-tia Dei, secundum præfinitionem se-culorum quam fecit in Christo Jesu Do-mino nostro, in quo habemus fiduciam et accessum in con-fidentiam per fidem ejus. Propter quod peto ne deficiatis in tribulationibus meis pro vobis, quæ est gloria vestra. Hujus rei gratia flecto genua mea ad Patrem Domini nos-tri Jesu Christi, ex quo omnis paterni-tas in cœlis et in terra nominatur; ut det vobis secundum divitias gloriæ suæ virtute corroborari per Spiritum ejus in interiorem hominem, Christum habitare per fidem in cordibus vestris : in charitate radicati et fundati ; ut possitis comprehendere cum omnibus sanctis, quæ sit latitudo, et longitudo, et sublimitas, et profundum ; scire etiam supereminentem scientiæ charitatem Christi, ut impleamini in omnem plenitudinem Dei. Ei autëm qui potens est omnia facere superabundanter quam petimus, aut intelligimus, secundum virtutem quæ operatur in nobis ; ipsi gloria in Ecclesia, et in Christo Jesu in om-

tire son nom au ciel et sur la terre ; afin qu'il vous accorde, selon les richesses de sa gloire, que vous soyez puissamment fortifiés par son Esprit dans l'homme intérieur ; que le Christ habite par la foi dans vos cœurs, et qu'enracinés et fondés dans la charité, vous puissiez comprendre avec tous les saints quelle est la largeur et la longueur, la hauteur et la profondeur, et connaître aussi la charité du Christ, qui surpasse toute science, afin que vous soyez remplis de toute la plénitude de Dieu. Mais à celui qui est puissant pour tout faire bien au delà de ce que nous demandons ou concevons, selon la vertu qui opère en nous, à lui la gloire dans l'Eglise et dans le Christ Jésus, dans toutes les générations du siècle des siècles. Amen. | nes generationes seculi seculorum. Amen.

GRADUEL.

Considérez que je n'ai pas travaillé pour moi seul, mais pour tous ceux qui recherchent la vérité. | Respicite, quoniam non mihi soli laboravi, sed omnibus exquirentibus disciplinam.

℣. Grands de la terre, et vous, peuples, écoutez-moi, et vous qui présidez aux assemblées, prêtez l'oreille. | ℣. Audite me, magnates, et omnes populi, et rectores Ecclesiæ auribus percipite.

Alleluia, Alleluia. | Alleluia, alleluia.

℣. Les yeux du Seigneur sont arrêtés sur ceux qui le craignent et sur ceux qui mettent leur espérance dans sa miséricorde. | ℣. Ecce oculi Domini super metuentes eum ; et in eis, qui sperant super misericordia ejus.

Alleluia. | Alleluia.

Après la Septuagésime, on omet les Alleluia, *et le* ℣. *qui les suit, et l'on dit :*

TRAIT.

Goûtez et voyez combien le Seigneur est doux : Heureux est l'homme qui espère | Gustate et videte, quoniam suavis est Dominus : beatus vir, qui sperat in co. ℣. Cor sapienties erudiet os ejus, et labiis ejus addet gratiam. ℣. Qui moderatur sermones suos, doctus et prudens est ; et pretiosi spiritûs vir eruditus.

en lui ! ℟. Le cœur du sage instruira sa bouche, et il répandra une nouvelle grâce sur ses lèvres. ℣. Celui qui est modéré dans ses discours est docte et prudent, et l'homme savant ménage la pensée de son esprit, comme une chose précieuse.

ÉVANGILE.

In illo tempore : Dixit Jesus discipulis suis parabolam hanc : Homo peregre proficiscens, vocavit servos suos, et tradidit illis bona sua. Et uni dedit quinque talenta, alii autem duo, alii vero unum, unicuique secundum propriam virtutem : et profectus est statim. Abiit autem qui quinque talenta acceperat, et operatus est in

Dans ce temps-là, Jésus dit à ses disciples cette parabole : Un homme, partant pour un voyage, appela ses serviteurs et leur remit ses biens. A l'un il donna cinq talents, à un autre deux, à un autre un, à chacun selon sa capacité, et il partit aussitôt. Or, celui qui avait reçu les cinq talents s'en alla, les fit valoir et en gagna cinq autres. Pareillement, celui aussi qui en avait reçu deux. Mais celui qui n'en avait reçu qu'un, s'en allant, creusa la terre et cacha l'argent de son maître. Longtemps après, le maître de ces serviteurs revint et compta avec eux. Alors celui qui avait reçu cinq talents, s'approchant, lui présenta cinq autres talents, disant : Seigneur, vous m'avez remis cinq talents, en voici cinq autres que j'ai gagnés de plus. Son maître lui répondit : Fort bien, serviteur bon et fidèle; parce que tu as été fidèle en peu de choses, je t'établirai sur beaucoup : entre dans la joie de ton maître. Celui qui avait reçu deux talents vint aussi, et dit : Seigneur, vous m'aviez remis deux talents, en voici deux autres que j'ai gagnés. Son maître lui répon-

eis, et lucratus est alia quinque. Similiter, et qui duo acceperat, lucratus est alia duo. Qui autem unum acceperat, abiens fodit in terram, et abscondit pecuniam domini sui. Post multum vero temporis venit dominus servorum illorum, et posuit rationem cum eis. Et accedens qui quinque talenta acceperat, obtulit alia quinque talenta dicens : Domine quinque talenta tradidisti mihi; ecce alia quinque superlucratus sum. Ait illi dominus ejus : Euge, serve bone et fidelis, quia super pauca fuisti fidelis, super multa te constituam intra, in gaudium Domini tui. Accessit autem et qui duo talenta acceperat, et ait : Domine, duo talenta tradidisti mihi : ecce alia duo lucratus sum. Ait illi Dominus ejus : Euge, serve bone et fidelis, quia super pauca te constituam , intra in gaudium Domini tui. Credo.

dit : Fort bien, serviteur bon et fidèle ; parce que tu as été fidèle en peu de choses, je t'établirai sur beaucoup : entre dans la joie de ton maître.

OFFERTOIRE.

Novi opera tua, et fidem, et charitatem tuam, et ministerium , et patientiam tuam, et opera tua novissima plura prioribus.

Je sais quelles sont vos œuvres, votre foi, votre charité, les travaux de votre ministère, votre patience, et vos dernières œuvres qui ont surpassé les premières.

SECRÈTE.

Per hanc salutarem hostiam, quam offerimus tibi, Domine , divini illo sancti Spiritus igne, cor nostrum accende, quo mitissimum beati Francisci ani-

Par cette Hostie salutaire que nous vous offrons, Seigneur, embrasez nos cœurs de ce même feu de l'Esprit saint, dont vous avez si merveilleusement enflammé le très-

doux cœur du bien-
heureux François ;
Nous vous le deman-
dons, par Notre-Sei-
gneur Jésus - Christ ,
etc.

mum mirabiliter
inflammasti ; Per
Dominum.... in uni-
tate ejusdem Spiri-
tus sancti Deus.

COMMUNION.

Je me suis rendu
faible avec les faibles,
pour gagner les fai-
bles. Je me suis fait
tout à tous, pour les
sauver tous.

Factus sum infir-
mis infirmus , ut
infirmos lucriface-
rem. Omnibus om-
nia factus sum, ut
omnes facerem sal-
vos.

POSTCOMMUNION.

O Dieu , qui avez
accordé au bienheu-
reux François, votre
Confesseur et Evêque,
d'exceller dans le mi-
nistère de la conduite
des âmes à la perfec-
tion chrétienne, et qui
avez daigné vous en
servir pour enrichir
votre Eglise d'une nou-
velle postérité de vier-
ges sacrées, faites-nous
la grâce, par les divins
Sacrements auxquels
nous participons, d'i-

Deus, qui in beato
Francisco, Confes-
sore tuo atque Pon-
tifice, eximium
christianæ perfec-
tionis ministrum tri-
buisti ; et per eum,
nova Ecclesiam
tuam sacrarum vir-
ginum prole augere
dignatus es ; conce-
de, quæsumus, ut
per sacramenta quæ
sumpsimus , ejus
charitatem et man-
suetudinem imitan-

tes in terris, gloriam quoque consequamur in cœlis; Qui vivis et regnas, Deus, in secula seculorum.

miter si parfaitement sa charité et sa mansuétude sur la terre, que nous soyons dignes de partager sa gloire dans les cieux ; etc., etc....

PRÉFACE.

Vere dignum, et justum est, æquum et salutare, nos tibi semper et ubique gratias agere, Domine sancte, Pater omnipotens, æterne Deus, per Christum Dominum nostrum : Qui Ecclesiæ suæ beatum Franciscum Pastorem juxta cor suum suscitavit, ut scriptis, sermonibus et exemplis pietatem corroraret, et aspera converteret in vias planas : quique illum suo lenitatis spiritu tam mirabiliter adimplevit, ut non solum indurata pec-

Il est véritablement juste et raisonnable, il est équitable et salutaire de vous rendre grâces en tout temps. Seigneur saint, Père tout - puissant, Dieu éternel, par Jésus-ChristNotre-Seigneur, qui dans le bienheureux François a suscité dans son Eglise un Pasteur selon son cœur, dont les écrits, les paroles et les exemples devaient contribuer à l'augmentation de la foi des fidèles et aplanir les voies difficiles de la vertu, et qui l'a rempli si admirablement de son esprit de douceur, que

catorum corda pœnitentiam flecteret, sed et rebelles tot hæreticorum mentes ad fidei catholicæ unitatem revocaret, et ideo cum angelis et archangelis, cum thronis et dominationibus, cumque omni militia cœlestis exercitus hymnum gloriæ tuæ canimus sine fine dicentes.

non-seulement il soumit à la pénitence les pécheurs les plus endurcis, mais qu'il ramena aussi à l'unité de la foi catholique les esprits rebelles d'une multitude d'hérétiques. C'est pourquoi nous nous unissons aux anges et aux archanges, aux trônes, aux dominations et à toute l'armée céleste, pour chanter un cantique à votre gloire, en disant sans cesse :

(Cette Messe a été accordée aux Religieuses de la Visitation, par la Congrégation des Rites, le 7 septembre, année 1821.)

IMPRIMATUR :

† CAROLUS, Episc. Cenom.

PRIÈRE

A SAINT FRANÇOIS DE SALES.

On invoque saint François de Sales pour obtenir les vertus de douceur et d'humilité, les vertus par excellence du cœur de Jésus. Ce Saint disait : « S'il y avait quelque chose de meilleur que la douceur, Dieu nous l'aurait appris ; mais il ne nous recommande que deux choses : être *doux* et *humble* de cœur. »

Mon Dieu, qui, pour l'édification et le salut des âmes, nous avez présenté dans saint François de Sales, le modèle le plus parfait de la douceur et de la piété, mettez dans nos âmes toute l'onction de sa religieuse amabilité, toute l'ardeur de sa charité et toute la profondeur de son humilité, afin que nous puissions partager un jour sa gloire dans le Ciel, et vous aimer avec lui dans tous les siècles. Ainsi soit-il.

Le Mans. — Imp. Beauvais.

Le Mans, Imp. BEAUVAIS.

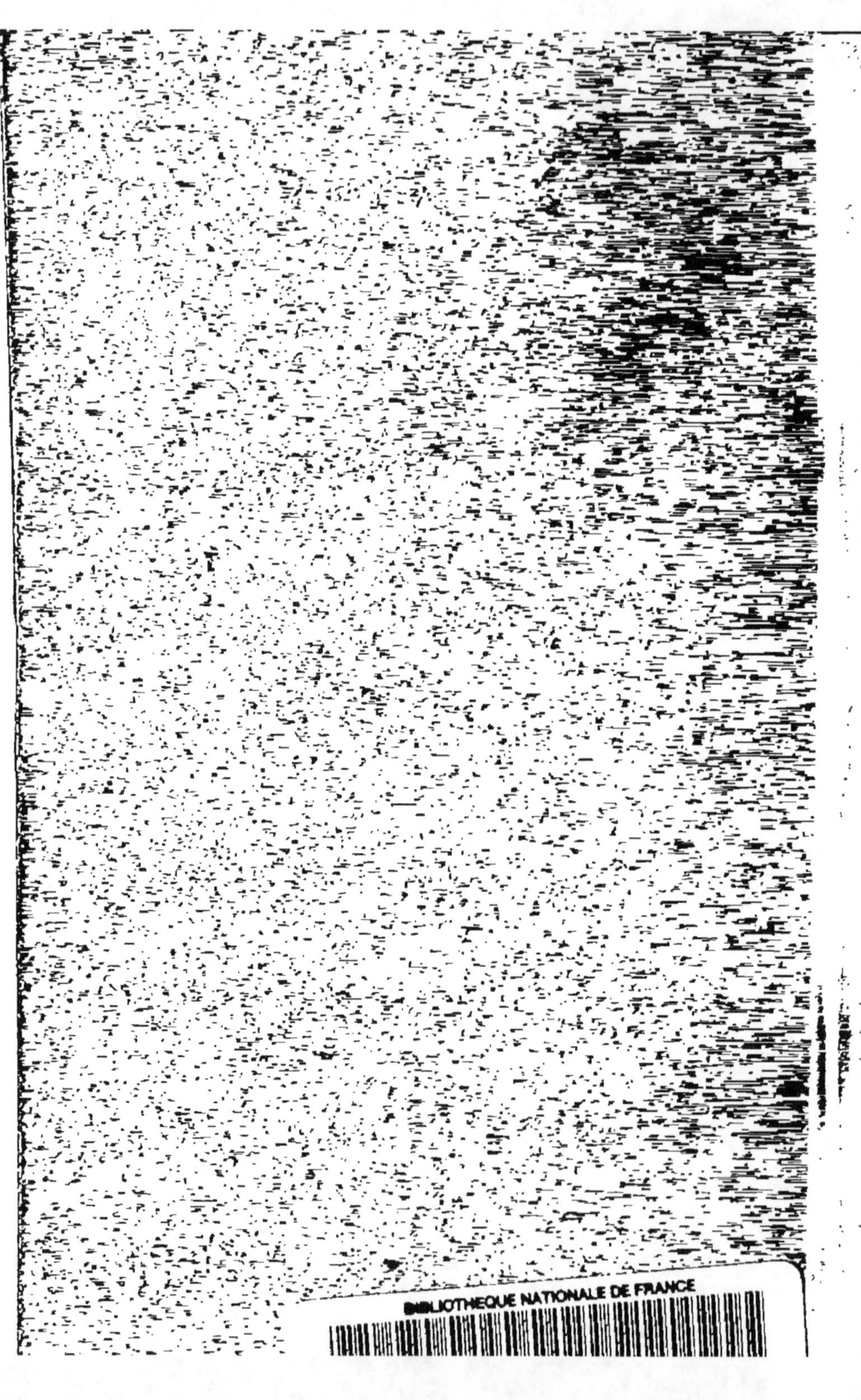